NOTICE

SUR LES

TRAVAUX SCIENTIFIQUES

DE

Pierre-Michel-Édouard JANNETTAZ

DOCTEUR ÈS-SCIENCES PHYSIQUES, LICENCIÉ ÈS-SCIENCES NATURELLES.

Aide-naturaliste de minéralogie au Muséum d'histoire naturelle,
Préparateur à la Faculté des sciences de Paris,
Chargé des conférences de minéralogie à l'École pratique des hautes études,
Membre et ancien président de la Société géologique de France.
Membre de la Société chimique de Paris.

FÉVRIER 1876.

PARIS

A. DERENNE, ÉDITEUR,

52, boulevard Saint-Michel, 52.

1876.

RÉSUMÉ

DE

QUELQUES-UNS DE MES TRAVAUX.

Recherches sur la propagation de la chaleur dans les principales espèces minérales et en général dans les substances dont la structure ou la texture bien qu'homogène varie avec la direction.

Après plus de dix ans d'étude, je suis parvenu à un assez grand nombre de résultats, qui sont disséminés dans plusieurs publications. Je profite de ce court résumé, pour les réunir, et pour montrer comment ils se relient entre eux.

On se rappelle le procédé de Senarmont qui consistait à percer d'un trou les plaques soumises à l'étude, après les avoir enduites de cire, à faire passer par le trou une tige dont on chauffait une extrémité. La chaleur détermine la fusion de la matière grasse, et celle-ci après son refroidissement dessine des bourrelets qui ont la forme d'ellipses ou de cercles qu'on peut appeler *isothermes*, puisque les rayons vecteurs de ces courbes mesurent les distances auxquelles parvient suivant leur direction la température nécessaire à la fusion d'une même substance. Par ce moyen, de Senarmont a vérifié sur un nombre suffisant, quoique bien restreint, de matières cristallisées, ce fait fondamental, que la chaleur se conforme comme la lumière à la symétrie générale de la cristallisation.

En reprenant ces études, j'ai observé des relations plus générales que celles qui avaient été énoncées par de Senarmont, entre la structure des corps et leurs pouvoirs conducteurs pour la chaleur dans les différentes directions.

Pour ces expériences, il fallait percer les plaques, ce qui est dangereux au point de vue scientifique, comme au point de vue matériel. De plus, il était difficile de trouver la position vraie des axes des courbes par rapport aux lignes du plan où on les produisait.

J'ai pu éviter le forage des plaques en les chauffant au moyen d'une petite sphère ou d'un petit cône de platine, dans lesquels s'engagent les extrémités de deux fils de même métal, mis en communication avec les deux pôles d'une pile. De cette façon, la partie qui échauffe la plaque est plus chaude que celle qui amène le courant avant sa transformation en chaleur (*Ann. Chimie et Phys.* 4me série, *Tome XXIX, p.* 5). En outre, j'ai imaginé depuis peu de temps une lunette qui permet de trouver la position des axes des courbes par rapport à des lignes situées dans leur plan. *(Voy. Bull. Soc. géol. Fr.* 3e *Série, Tome III, p.* 499).

Au moyen de ces deux appareils, j'ai déjà étendu beaucoup le champ de ces recherches, et j'ai construit l'ellipsoïde des conductibilités thermiques dans des espèces minérales sur lesquelles de Senarmont n'avait pu opérer. Le temps m'a seul manqué pour en observer à cet égard un plus grand nombre.

Mais je n'ai pas restreint le champ de mes observations aux corps cristallisés. Je l'ai poursuivi dans les substances dont la texture reste homogène dans une même direction. Telles sont les roches et les matières à texture schisteuse.

De l'ensemble de ces données j'ai pu tirer les règles générales qui suivent :

Dans les minéraux, la chaleur se propage moins facilement dans la direction perpendiculaire à un plan de clivage que parallèlement à ce plan.

Dans les matières à texture schisteuse, la chaleur se propage moins facilement dans la direction normale que dans les directions parallèles aux feuillets.

Si le cristal ou la matière schisteuse présente plusieurs plans de clivage ou de schistosité rectangulaires entre eux, c'est l'intersection de ces plans qui détermine la direction de propagation plus facile.

S'il y a des plans de clivage symétriques par rapport à un axe du cristal, on prend l'angle de la droite et du plan ; lorsque cet angle est inférieur à la moitié d'un angle droit, l'axe est une direction de propagation plus facile que les directions perpendiculaires.

Telles sont les règles que j'ai cru pouvoir énoncer relativement à la propagation de la chaleur dans les corps. Je n'ai rencontré d'exceptions réelles, dans les substances minérales, que celles du calcaire et des feldspaths. Mais elles se relient à la propriété que ces espèces présentent de se contracter lorsqu'on les chauffe, ce qui tend à donner aux plans de clivage dans le calcaire la position où ils satisferaient à la loi générale.

Dans les roches à texture schisteuse, il n'y a pas d'exception; et cette propriété de conduire mieux la chaleur suivant les plans de schistosité les distingue de celles qui ne leur ressemblent que par *une simple stratification*.

Les plans de clivage des minéraux se distinguent de même *des plans dits de séparation*, en ce que ceux-ci n'exercent aucune influence sur la position des axes thermiques, tandis que les véritables directions de clivage déterminent l'orientation de ces axes comme nous l'avons dit plus haut. Tous ces résultats sont de la plus grande netteté. J'ose dire que personne ne les avait énoncés avant moi.

La relation des axes des courbes de conductibilité thermique et des plans de clivage ou de leurs intersections dans les minéraux en entraîne nécessairement d'autres. Car entre les plans de clivage ou de schistosité, il y a moins de cohésion qu'entre d'autres directions planes. Aussi ai-je énoncé plusieurs fois de la manière suivante la règle générale que j'ai posée. *La chaleur se propage plus facilement entre les plans qui ont entre eux le moins de cohésion.*

Or, à cette cohésion *minima*, normale aux plans entre lesquels elle s'exerce, en correspond une autre *maxima* parallèle à ces mêmes plans. C'est ce qui a été admis par presque tous les cristallographes. Bravais, comme je l'ai dit plusieurs fois dans mes différentes notes, avait appelé cohésion normale celle qui s'exerce entre deux plans parallèles menés au travers d'un cristal, et tangentielle celle qui retient les uns auprès des autres les éléments matériels qui constituent un de ces plans.

Or, la première de toutes les observations que j'avais faites était celle-ci. Je perçais un trou dans une lame de gypse, à faces parallèles au plan du clivage facile, le plan g^1 des cristallographes modernes, lorsque je vins à exercer une certaine pression sur la partie que ce forage n'avait pas encore atteinte. La pression écartant cette partie de la supérieure, il se logea entre les deux de l'air qui pénétra par le trou, et cet air dessina des courbes colorées, du genre de celles qu'on appelle *anneaux colorés de Newton*. L'on observe souvent des plages colorées d'une manière analogue, mais à contours fort irréguliers dans des masses de gypse, qui ont reçu des chocs accidentels, et que les enfants appellent *pierres à Jésus*. Si la cohésion restait la même pour tous les points du plan g^1 dans le gypse, les anneaux colorés dont je viens de parler auraient la forme de cercles. Il n'en est pas ainsi ; là courbe est une ellipse dont les axes coïncident comme position et comme grandeur avec ceux de l'ellipse de conductibilité thermique. Or, comme la courbe dessinée par des anneaux colorés mesure les flexions des différentes lignes du plan g^1 autour d'un même centre sur lequel on exerce un même effort, et comme ces flexions sont modérées par des résistances longitudinales, ou pour parler le langage des cristallographes par des cohésions tangentielles, on voit qu'il y a là une relation fondamentale dans les corps cristallisés, minéraux ou chimiques, entre les cohésions tangentielles et les pouvoirs conducteurs pour les différentes directions autour d'un même point. J'ai pu déterminer des anneaux colorés du même genre par ce même procédé dans le sulfate de Baryte, et dans plusieurs variétés de mica ; j'y ai observé de même leur coïncidence avec les courbes de conductibilité thermique. On voit que ces dernières courbes mèneront évidemment à la mesure des cohésions tangentielles. J'ai commencé une série de mesures directes de ces résistances longitudinales à la flexion pour les différentes directions du plan g^1 dans le gypse, et j'en publierai prochainement les résultats.

En résumé, l'observation de ces courbes et un assez grand nombre d'expériences ont amené l'auteur à découvrir un certain nombre de relations importantes. Il a déjà signalé en même temps plusieurs conséquences qui s'en déduisent immédiatement; les unes relatives à l'origine de ces variations que subit l'accroissement de la température avec la profondeur où on l'observe dans les différentes roches de l'écorce du globe terrestre : les autres relatives à la distinction des roches vraiment schisteuses et des roches stratifiées, ainsi qu'à celle des vrais et des faux clivages dans les minéraux. Enfin, les procédés qu'il a imaginés lui permettent d'espérer qu'il pourra étudier peu à peu les courbes de conductibilité thermique dans la plupart des espèces minérales, et ajouter cette connaissance à celle qu'on possède déjà de leurs propriétés optiques, grâce aux travaux de Biot, de Brewster, et en particulier de M. Des Cloizeaux.

L'auteur a publié récemment sur ce même sujet une note qui paraîtra dans peu de temps dans le Bulletin de la Société Géologique de France (séance du 20 décembre 1875) ; il y donne une explication de ces relations. Il pense que les vibrations de la chaleur étant transversales comme celles de la lumière, c'est-à-dire perpendiculaires à la direction de leur propagation, elles doivent avoir plus d'amplitude, là où s'exerce une cohésion plus faible ; par conséquent, si un rayon de chaleur suit une des directions d'un plan de clivage, ses vibrations étant perpendiculaires à ce plan, c'est-à-dire parallèles à une cohésion plus petite, il conservera une intensité plus grande.

Tous ces faits sont nets ; qu'ils puissent s'appliquer à l'étude des corps cristallisés, et particulièrement des minéraux, cela ne laisse aucun doute.

En outre, l'auteur les trouve parfaitement d'accord avec les résultats obtenus par M. Tresca dans ses travaux sur l'écoulement des corps solides, et par M. Daubrée dans ses recherches sur la production de la schistosité dans les roches. Car, lorsque les particules d'un corps prennent les unes par rapport aux autres des orientations particulières, il en résulte une symétrie correspondante des cohésions, et du mode de propagation de la chaleur dans ce corps.

***

Sur la formation du cacholong dans les silex de Champigny.
(*Bulletin Soc. géol. de France*, tome XVIII, 3ᵐᵉ série, 1861,
p. 673).

L'auteur a découvert à Bry-sur-Marne, près Champigny,
une variété de silice pulvérulente, qui contient une assez
grande quantité d'eau, jusqu'à 30 0/0, lorsqu'on la sort
de la carrière, mais qui la perd au contact de l'air, et n'en
reste pas moins soluble dans les dissolutions alcalines
bouillantes ; elle peut d'ailleurs reprendre dans une atmosphère humide l'eau qu'elle avait perdue. Cette matière
durcit cependant en partie à l'air et donne lieu à la production d'une espèce de silex ou de *cacholong*.

Depuis cette époque on a trouvé dans beaucoup de
roches une variété de silice qui se dissout aussi dans les
dissolutions alcalines chaudes, qui a une forme cristalline
encore incertaine, et à laquelle on a donné le nom de
Tridymite.

***

Tome XX, année 1863, page 201. — **Sur la présence d'une variété de cordiérite altérée dans des schistes siluriens de Bagnères de Luchon.**

Tome XXIV, de la même publication. — **Note pour servir à l'étude des roches de la Nouvelle Calédonie.**

L'auteur a étudié plusieurs des roches ou des matières minérales rapportées par M. Jules Garnier.

Il a reconnu entre autres la lherzolithe, et il a particulièrement appelé l'attention sur un hydrosilicate d'alumine de magnésie et de nickel, qu'on a retrouvé depuis en assez grande quantité dans cette île, et qui a été appelé *garniérite*, mais auquel il n'avait pas donné de nom, parce que la composition chimique rangeait cette matière parmi les Pimélites, et qu'elle ne se présentait qu'à l'état amorphe.

Tome XXIX p. 41. — **Note sur un amas de carbonate de chaux strontianifère intercalé dans l'argile plastique du parc d'Issy.**

Dans les échantillons qu'il a recueillis lui-même, l'auteur a signalé la présence d'environ 20 0/0 de carbonate de strontiane.

Tome XXIX, page 300. — **Note sur l'origine des couleurs et sur les modifications que leur font éprouver l'action de la lumière et l'état de l'atmosphère dans les substances minérales.**

Déjà au tome XXIV, page 682, l'auteur avait publié des observations minéralogiques sur quelques minéraux de l'Inde et en particulier sur la nature de leur coloration. Dans la note du tome XXIX, il montre comment la coloration bleue ou violacée des fluorines bicolores des Cornouailles s'évanouit à une certaine température assez peu élevée, mais reparaît après refroidissement si la matière n'a pas été trop chauffée. Cette lumière appelée *épipólique*, et que MM. Stokes et Edm. Becquerel attribuent avec raison à un phénomène de phosphorescence, devient invisible par les temps de brouillard, où l'on n'aperçoit plus dans la fluorine que la couleur de la lumière réfractée.

L'auteur étudie aussi l'action des rayons des différentes couleurs sur l'altération des minéraux. De ces premiers essais il résulte qu'il suffit d'enfermer sous des verres rouges le réalgar, pour en assurer la conservation.

Il recherche enfin les causes de la coloration de l'émeraude. Cette pierre doit sa couleur verte à un oxyde de chrome, et la nuance d'un noir de velours qui se mêle à la coloration verte dans les plus belles variétés est due à des particules anthraciteuses intimement mélangées.

Sur la Lanarkite.

Dans les comptes-rendus de l'Académie des sciences, l'auteur a analysé une Lanarkite de Laquorre, (Ariège). Comme celle d'Écosse, analysée par M. Pisani, celle de Laquorre est non pas un sulfocarbonate, mais un sulfate bibasique de plomb. La dispersion inclinée, les angles de ses faces naturelles ou obtenues par clivage montrent aussi que cette matière appartient bien à la même espèce que celle de Leadhills (comptes-rendus, Tome LXXVI p. 1420).

Sur la variation de la forme dans les aluns.

Beudant avait montré dans son traité de minéralogie que, si on dissout dans l'acide chlorhydrique de l'alun, la liqueur abandonne après évaporation des octaèdres dont les angles portent des facettes hémiédriques, celles du dodécaèdre pentagonal ($\frac{1}{2}b^2$). M. Jannettaz a **vu** que des cristaux d'alun holoédrique se chargent de ces facettes hémiédriques, lorsqu'on les expose quelque temps à l'action érosive de l'acide chlorhydrique ; il a montré que l'acide iodhydrique se comporte à l'égard de l'alun comme le précédent ; enfin il a établi par plusieurs analyses, que dans ces circonstances la composition chimique des aluns de potasse et d'ammoniaque ne change pas.

(*Bull. Soc. Chimique*, 1870, page 3).

LISTE

DES

TRAVAUX PUBLIÉS PAR M. JANNETTAZ.

NOTES

Publiées dans les comptes rendus de l'Académie des sciences.

Tome LVIII, p. 719. — *Recherches sur les modifications que l'action de la chaleur peut faire subir à la couleur des substances minérales.*

Tome LXXIV, p. 863, Année 272. — *Sur un nouveau type de cristaux idiocylophanes.*

Même tome, p. 940-1082-1501. — *Sur les anneaux colorés produits dans le gypse par la pression et sur leur connexion avec l'ellipsoïde des conductibilités thermiques et avec les clivages.*

Tome LXXVI, p. 1420. — *Sur un sulfate bibasique de plomb de l'Ariége* (Étude chimique, cristallographique et optique).

Tome LXVII, p. 833 (*Voir aussi : Ouvrage sur le chalumeau, cité plus loin, p. 84. — Sur l'emploi du bisulfate de potasse* $KO,HO(SO^3)^2$ *pour la distinction des sulfures naturels.*

Tome LXXVIII, p. 413. — *Sur l'emploi d'un prisme biréfringent pour la détermination des axes des ellipses.*

Tome LXXVIII (27 avril 1874) et Tome LXXXI (20 décembre 1875). *Sur la propagation de la chaleur dans les roches schisteuses.*

NOTES

Publiées dans le Bulletin de la Société chimique de Paris.

1870 Tome XIII nouvelle série p. 3. — *Mémoire sur les rapports de la variation dans la forme des aluns et des milieux où ils cristallisent.*

ANNALES DE CHIMIE ET DE PHYSIQUE. — Quatrième série.

Tome XXIX| p. 5. — *Mémoire sur la propagation de la chaleur dans les corps cristallisés.*

Thèse soutenue devant la Faculté des sciences de Paris, le 4 mars 1873.

NOTES ou MÉMOIRES

Publiés dans le Bulletin de la Société géologique de France.

2e Série. Tome XVIII. 3e série 1861, p. 673. — *Sur la formation du cacholong dans les silex de Champigny.*

Tome XIX, 1862, p. 932. — *Sur la présence de quelques feuilles dans les marnes du gypse des buttes Chaumont.*

Même tome. — *Participation aux réunions extraordinaires de la société à Saint Gaudens, comme secrétaire.*

Tome XX. 1863, p. 201. — *Sur la présence d'une variété altérée dans les schistes siluriens de Bagnères de Luchon.*

Tomo XXIV, p. 451. — *Note pour servir à l'étude des roches de la Nouvelle Calédonie.*

Même tome, p. 682. — *Observations minéralogiques sur quelques minéraux de l'Inde, et en particulier sur la nature de leur coloration.*

Même tome, p. 684. — *Note sur les roches cristallines de la Guyane Française et sur le gisement primitif de l'or de cette contrée.*

Tome XXVIII, p. 197. — *Note sur les minerais de fer pisolithique des environs de Paris.* (Observation sur une communication de M. Levallois).

Tome XXIV. p. 41. — *Note sur un amas de carbonate de chaux strontianifère intercalé dans l'argile plastique du parc d'Issy.*

Même tome, p. 300. — *Sur l'origine des couleurs et sur les modifications que leur font éprouver la lumière et l'état de l'atmosphère dans les substances minérales.*

SUITE AUX NOTES

Publiées dans le Bulletin de la Société géologique de France

3ᵉ Série tome 1ᵉʳ. — *Note sur la conductibilité des corps cristallisés pour la chaleur et sur la conductibilité des couches du globe pour le son, p. 117.*

Même tome, p. 252. — *Sur les propriétés thermiques des cristaux.*

Tome 2, p. 264. — *Sur la propagation de la chaleur dans les roches à texture schisteuse.*

Même tome, p. 122. — *Note sur les minéraux et les roches recueillis dans l'Alaska et les îles Aléoutiennes par M. Pinart.*

Tome 3, p. 54. — *Note sur les minerais de cuivre de la Nouvelle Calédonie.*

Même tome, p. 499. — *De la propagation de la chaleur dans le corps; de ses relations avec la structure des minéraux; 2° avec le métamorphisme des roches. En appendice : description de l'ellipsomètre avec une planche représentant cet appareil.*

Ouvrages d'enseignement.

LES ROCHES. — Description de leurs éléments. *Méthodes de détermination.* Rotschild, éditeur, 13, rue des Saints-Pères (1874).
Cet ouvrage a été recommandé par le Ministère de l'Instruction Publique.

LE CHALUMEAU. — *Traduction libre du manuel de Bruno Kerl,* Rotschild, Éditeur (1876).

Articles publiés dans le dictionnaire universel d'histoire naturelle sous la direction de Ch. D'orbigny, nouvelle édition.

Voir les mots : *Chlorites, — Feldspaths, — Réfraction,* etc.

IMPRIMERIE A. DERENNE, MAYENNE. — PARIS, BOULEVARD SAINT-MICHEL, 52.